WILLENSSCHULUNG

Walther Bühler

GESUNDHEIT AKTIV

Ein Leben lang

GESUND LEBEN

GESUNDHEIT AKTIV publiziert zu Fragen aus dem Alltagsleben Broschüren mit Informationen, Tipps und Hinweisen – zum Leben mit Kindern, zur Lebensmitte, zum Leben im Alter oder mit Krankheit, bei Pflegebedürftigkeit oder für ein gesundes Leben – wie hier mit Übungen zur Arbeit am eigenen Willen.

INHALT

Vorwort des Herausgebers	6
Wille und Charakter	7
Bewegung!	12
Handeln aus eigener Initiative	16
Gewohnheiten ändern erhält jung	19
Wunschverzicht – eine zeitgemäße Askese	24
Sich Ziele setzen	30
Anmerkungen	33

VORWORT DES HERAUSGEBERS

Welche tief greifende Bedeutung der Ausbildung des freien Willens zukommt, bringt der Neurologe und Psychiater Viktor Frankl folgendermaßen zum Ausdruck: *„Weder sagt dem Menschen, wie dem Tier, ein Instinkt, was er muss, noch sagen ihm heute Traditionen, was er soll, und es ist zu befürchten, dass er eines Tages nicht mehr wissen wird, was er will. Nur umso mehr wird er dann entweder wollen, was andere tun, oder tun, was andere wollen."*[1] Der moderne Mensch ist somit zeitlebens gefordert, an der Ausbildung seines freien Willens zu arbeiten.

Walther Bühler, 1952 als Arzt Gründer des heutigen Bürger- und Patientenverbandes GESUNDHEIT AKTIV – Anthroposophische Heilkunst e. V., zeigt in der vorliegenden Broschüre Wege auf, wie Menschen heute die Schulung ihres Willens durch praktische Übungen selbst in die Hand nehmen und in ihren Alltag integrieren können.

Bühlers Ausführungen aus dem Jahr 1985 heben sich vom heute beinahe inflationären Angebot an Meditationsanleitungen und Coaching-Programmen ab. Vor dem Hintergrund der anthroposophischen Menschenkunde erklärt der engagierte Volkspädagoge plausibel und aus feiner Menschenkenntnis heraus, warum die Arbeit am eigenen Willen so schwerfällt – aber auch, warum sie Voraussetzung für ein gesundes und menschengemäßes Dasein ist.

Anliegen von GESUNDHEIT AKTIV ist es, den seinem Inhalte nach zeitlosen „Klassiker" neu aufzulegen und so wieder einem hoffentlich großen Kreis von Menschen zugänglich zu machen.

In der vorliegenden Neuauflage wurden lediglich einige wenige Ausdrücke dem heutigen Sprachgebrauch angepasst und nicht adäquat übersetzbare durch Anführungszeichen gekennzeichnet. Kernaussagen sind im Text stellenweise hervorgehoben.

Berlin, 2015

WILLE UND CHARAKTER

Der Philosoph Schopenhauer hat sein Weltbild auf den beiden Grundbegriffen „Wille und Vorstellung" aufgebaut. Er gründet es damit auf eine Polarität, die auch in der menschlichen Natur eine bedeutsame Rolle spielt; man könnte sie mit den Begriffen Kraft und Bild umschreiben.

Betrachten wir zunächst unsere *Vorstellungen*. Sie leben auf im Bereich des Denkens, das sich an den sinnlichen Wahrnehmungen entzündet, auf den Gedächtnisschatz zurückgreift, oder das der Phantasiebetätigung begegnet und alle inneren Bilder zu durchleuchten und in einen begrifflichen Zusammenhang einzuordnen sucht. Das Denken umfasst das Gebiet der Erkenntnis und des Wissens.

Auch der Blick auf den *Willen* führt in ein umfangreiches Gebiet des seelischen Lebens mit vielerlei Abstufungen. Es reicht vom unbewussten, reflexartigen Reagieren, wie z. B. dem Lidschluss beim Berühren der Wimpern durch einen Fremdkörper, bis zur vollbewussten, zielgerichteten menschlichen Handlung. Ohne innere Antriebe, in denen zum Beispiel der Selbsterhaltungstrieb, der Nahrungs- oder Geschlechtstrieb wirken – zumeist geleitet von Instinkten -, geht kein beseeltes Wesen zur äußeren Bewegung oder Tätigkeit über. Begierden, Leidenschaften, Aggressivität und Wünsche können sich als Antriebsmomente hinzugesellen. Aber erst das vernunftbegabte Wesen, der Mensch, vermag darüber hinaus mit Zielvorstellungen und Ideen impulsierend und ausrichtend in die Willenssphäre einzugreifen.

Unsere Vorstellungen können wir blitzschnell herbeiholen, abändern, wegschieben oder auswechseln. Sie sind als innere Spiegelbilder dem Zugriff des Denkens machtlos ausgeliefert, so wie Figuren auf dem Schachbrett der Hand. Im Willensbereich hingegen sind wir einem Dompteur vergleichbar, der es bei der Dressur und in der Manege mit relativ selbständigen Wesen zu

tun hat, die mit Eigenkräften begabt sind. Die Tiere können sich ganz anders verhalten, als er will; sie können ihn selbst bedrohen, angreifen, verletzen, oder aber ihm – gezähmt und gezogen – gehorchen und neuartige, ihrer Natur sogar fremde Leistungen vollbringen im Sinne ihres „Herrn". Dieser fühlt sich jederzeit zur höchsten Wachsamkeit, Vorsicht, Umsicht, ja Geistesgegenwart aufgerufen. Es kommt weniger auf sein Wissen als auf sein Verhalten an. **Alle Willensfragen fordern unser Wesen in einer ganz anderen, tieferen Weise heraus als bloße Wissensfragen.**

Neues Wissen können wir uns relativ rasch aneignen; dazu ein Beispiel: Der Mond bewegt sich im sogenannten siderischen Rhythmus in 27,321 Tagen durch den Tierkreis, während der Phasenwechsel dieses Gestirns, der sogenannte synodische Rhythmus, länger ist und 29,530 Tage umfasst, mit einer Variationsbreite von einigen Stunden. Der nächste Vollmond findet deshalb jeweils nicht im selben, sondern erst im nächsten Sternbild statt. Eine solche Information kann – ein gutes Gedächtnis vorausgesetzt – fortan zum Wissensbestand gehören. Wie lange dagegen brauchen wir, um eine schlechte Gewohnheit abzulegen, um eine Begierde beherrschen zu lernen oder gar um uns eine neue Fähigkeit oder Tugend anzueignen! Im Bereich des Wissens geht es um klare oder unklare, richtige oder falsche Vorstellungen; in den Willenstiefen aber um Können oder Unfähigkeit, um selbstsüchtiges oder selbstloses, um gutes oder böses Verhalten. Dem Gebiet der Intellektualität und Intelligenz steht der Problembereich der Sittlichkeit und Moralität gegenüber. Alle Fragen der Willensschulung sind deshalb letzten Endes Fragen nach der Ausbildung des Charakters.

Schon oft ist daher bemerkt worden, dass auf diesem Gebiet der moralische Fortschritt dem langsam laufenden, kleinen Zeiger einer Uhr verglichen werden muss, der stets dem schnelleren großen Zeiger der Wissensaneignung hinterher hinkt. Und ist nicht unsere ganze heutige Zivilisation mit ihren raschen, oft rasenden Fortschritten der Technik durch ein verhängnisvolles Zurückbleiben der moralischen Kräfte gekennzeichnet?

Pure Freude an Bewegung - ein Geschenk der Kindheit

Hier soll nicht definiert werden, was Wille oder Willenskraft an sich ist. Aber diese Seite des menschlichen Wesens charakterisiert sich selbst, etwa wenn wir erfahren, dass ein uns gegebenes Versprechen zum wiederholten Male von einem Menschen nicht eingehalten wurde. Tief betroffen wenden wir uns vielleicht von ihm ab im Hinblick auf seine Unzuverlässigkeit, Haltlosigkeit und Treulosigkeit. Welch ein Unterschied besteht doch zwischen einer trägen oder lässigen und einer fleißigen, eifrigen Natur! Wie sehr begrüßt man einen aktiven, energischen, entschlossenen, vielleicht sogar initiativfreudigen Mitarbeiter oder ist enttäuscht, wenn man es mit einem willensschwachen, wankelmütigen, unschöpferischen Menschen zu tun hat. Der tieferen, ja wahren Seite eines Menschen begegnen wir erst, wenn wir seine Willensnatur näher kennengelernt haben.

> „Der tieferen, ja wahren Seite eines Menschen begegnen wir erst, wenn wir seine Willensnatur näher kennengelernt haben."

OHNE ÜBUNG GEHT ES NICHT ...

Alle Methoden der Willensschulung erfordern ein Trainieren oder Üben, also die regelmäßige und über längere Zeit betriebene Wiederholung eines Bemühens. Bereits zur ersten Durchführung einer Willensübung sind ein Entschluss, Durchhaltekraft und Treue zu dem gefassten Entschluss erforderlich. Wir werden dadurch in einer tieferen Schicht unseres Wesens angesprochen. Es geht eben nicht um eine rasche intellektuelle Wissensaneignung, sondern um die Umwandlung vorhandener Gewohnheiten oder Seelenkräfte, um ihre Beherrschung oder gar um die Ausbildung neuer Fähigkeiten. Dies erfordert inneres Wachstum und langsame Reifung in seelischen Lebensvorgängen und verlangt Geduld und Strenge mit sich selbst.

Dabei kann es im Willensbereich um Sein oder Nichtsein, um Gewinn oder Verlust unseres Mensch-Seins gehen. Der Sexualverbrecher zeigt in tragischer Weise, dass er die Herrschaft über sich selbst verloren hat; er wird zum Un-Menschen. In der Tat

Bewegung - ein Muss für heutige Jugendliche!

findet sich auf keinem Gebiet der Mensch so sehr mit seiner evolutionsgeschichtlichen Verwandtschaft mit dem Tierreich konfrontiert, wie im Bereich der Triebe, Begierden und Leidenschaften. Der Alkoholkranke im Endzustand der Leberzirrhose und des Deliriums zeigt eine Persönlichkeit, die leiblich, seelisch und geistig zerrüttet und zerstört ist. An diesen Zerrbildern menschlicher Existenz wird ersichtlich, wie wichtig es ist, das Ich immer stärker und bewusster zur Herrschaft im Willensbereich als der Quelle der Mäßigung, der Veredelung, der Verantwortung und Selbstbeherrschung zu führen. Hier leuchten Sinn und Notwendigkeit aller Willensschulung auf. Sie ist ein unerlässlicher Bestandteil der Selbsterziehung auf dem Weg zu seelischer Gesundheit.

BEWEGUNG!

Das Willensproblem hat eine leibliche, eine seelische und eine geistige Seite.

Leiblich gesehen ist das eigentliche Werkzeug des Willens die Muskulatur in ihrem Zusammenwirken mit dem Skelettsystem über die vermittelnde Funktion der Gelenke. Sie macht 40 bis 50 Prozent unseres Körpergewichtes aus! Wer bedenkt, dass wir nicht nur Arm- und Beinmuskeln haben, sondern dass sich die Muskulatur über den ganzen Rumpf erstreckt in Gestalt der mächtigen Rücken-, Bauch- und Atmungsmuskulatur, und über die Hals-, Sprech-, und Kaumuskeln erst in der Ruhe des Schädels verebbt, der wird gewahr, in welchem Umfang der Mensch als ein Bewegungswesen veranlagt ist.

Es gilt daher als eine besondere Aufgabe der Erziehung, über Spielen, Turnen, Sport und Werken bis in die Geschicklichkeitsübungen die Geistseele des Kindes zum Ergreifen der Leiblichkeit mit Kraft, Wendigkeit und Freude anzuregen.

Der über 20 Jahre sich hinziehende Verkörperungsprozess benötigt viele kleine Schritte bis zur vollständigen, gesunden Inkarnation, was ja wörtlich Ver-Fleischlichung heißt und somit auf die Muskeln als Werkzeuge des Willens Bezug nimmt. Diesen Verkörperungsprozess wiederholen wir auch als Erwachsene noch in abgekürzter Form mit dem täglichen Zu-sich-Kommen und Aufstehen nach dem morgendlichen Erwachen.

Im Zeitalter der Technik und der Maschine wird dem Menschen jedoch die körperliche Betätigung mehr und mehr abgenommen. Durch die modernen Transportmittel wie Auto, Bergbahn, Rolltreppe und Lift wirkt dieser Reduktionsprozess bis in die eigene Fortbewegung hinein. Der frühere Schwerarbeiter ist immer mehr zum Bediener von Maschinen mit ihren Knöpfen und Hebeln oder gar zum Kopfarbeiter geworden. Hinzu kommen viele Berufssituationen, die den Menschen Tag für Tag stundenlang an Stuhl und Schreibtisch fesseln. Der dadurch hervorgerufene Bewegungsmangel fördert – besonders verbunden mit Übergewicht – die Entstehung vieler Krankheiten wie Rheuma, Skelettdeformationen, Ablagerungen, Bluthochdruck, Blutverfettung und Diabetes. Jeder Erwachsene sollte darum prüfen, wie er, je nach individueller Situation und Neigung, die Bewegungsarmut ausgleichen kann. Sie schwächt nicht nur seine physischen Willenskräfte, sondern hat stets negative Rückwirkungen auf die unlösbar mit ihnen verbundenen Stoffwechselfunktionen.

> „Jeder Erwachsene sollte prüfen, wie er, je nach individueller Situation und Neigung, die Bewegungsarmut ausgleichen kann."

Es ist also äußerst wichtig, dass in der Freizeit zusätzlich etwas getan wird, wobei es auf das *Was* weniger ankommt. Sportarten wie Tennis, Schwimmen, Rudern, Wandern, auch ein gemäßigtes Jogging oder Walking (Red.) bieten sich an neben der Ausübung vielfältiger Hobbys wie Werken, Gärtnern oder auch Gymnastik und Eurythmie. Niemand unterschätze die Bedeutung solcher körperlichen Betätigung im Sinne eines physischen Sich-Durchtrainierens, das selbstverständlich auch der Konstitution und dem Alter angepasst werden muss – und Freude bereiten soll! Die menschliche Natur fordert, besonders im modernen Alltagsstress, eine solche zusätzliche Pflege des täglichen Einkörperungsprozesses in bewusster Form.

Die Notwendigkeit dazu wird noch einleuchtender, wenn wir bedenken, dass der untätige Muskel in der Ruhe nicht erstarkt, sondern schwächer wird. Im Sinnes-Nerven-System ist das Gegenteil der Fall. Beim Wahrnehmen und Vorstellen finden stets organische Abbau- und „Entgestaltungsprozesse" statt, welche die Ruhe- und Regenerationsphase des Schlafes erforderlich machen. Bei der Willensbetätigung hingegen wird zwar der Muskelzucker zur Erzeugung physischer Energie verbrannt, aber der Muskel selbst erkraftet dabei. Es könnte überraschen, dass man nach einer durch Knochenbruch erzwungenen Ruhepause in der Beinmuskulatur nach der Abnahme des Gipsverbandes nicht „ausgeruhte, erholte und gekräftigte" Muskeln vorfindet, sondern eine schwach gewordene, atrophierte (geschwundene) Muskulatur und steife Gelenke, die nur mühsam durch Massage und Bewegungsübungen wieder normalisiert werden können. Im Sinne der schon oben betonten Polarität von Gliedmaßen- und Nervensystem wird der Muskel durch Betätigung gekräftigt und nimmt an Dicke und Substanz zu, wie jeder Sportler weiß. Erst dieser Tatbestand verleiht dem regelmäßigen Training seinen eigentlichen Sinn.

Dabei wirkt sich die körperliche Ertüchtigung nicht nur günstig auf den gesamten Blutkreislauf aus – im Sinne der Anhebung eines zu niedrigen und der Senkung eines zu hohen Blutdruckes -, sondern sie kräftigt messbar zugleich auch das Herz, diesen stärksten Hohlmuskel des Körpers, in dem unser Lebenswille stark verankert ist.

Diese Phänomene zeigen, wie eng das Willenswesen mit den Lebenstiefen des Stoffwechsels und all seinen Aufbaufunktionen wie Ernährung, Blutbildung und Regenerationskraft verbunden ist – bis in die Fortpflanzungsorgane hinein. **Die positive Auswirkung der meisten der folgenden Willensübungen erstreckt sich deshalb bis in die leibliche Gesundheit hinein.**

Körperliche Betätigung ist von entscheidender Bedeutung. Selbstverständlich muss sie der Konstitution und dem Alter angepasst werden – und Freude bereiten!

HANDELN AUS EIGENER INITIATIVE

Von einem Schulkind wird verlangt, dass es rechtzeitig zum Unterrichtsbeginn erscheint. Auch vom Vortrags-, Konzert- und Theaterbesucher erwarten wir ein hohes Maß an Pünktlichkeit. Für leicht Verspätete wird oft ein „akademisches Viertel" bis zum Veranstaltungsbeginn zugegeben. Bus und Bahn aber können nicht warten! Die modernen Verkehrsmittel erziehen ihre Benutzer zwangsweise zur Pünktlichkeit. Ein absolut unpünktlicher Mensch macht einen unordentlichen, unzuverlässigen oder undisziplinierten Eindruck. Wird er – zeitlich – mit sich selbst nicht fertig oder ist es Gleichgültigkeit dem gesellschaftlichen Leben und seinen Ordnungen gegenüber, was ihn in seinem ungebührlichen Verhalten gefangen hält? – Wie aber erziehen wir uns selbst zur Tugend der Pünktlichkeit?

Auf dem von Rudolf Steiner beschriebenen anthroposophischen Schulungsweg begegnet der Geistesschüler der Aufforderung, die eigentliche meditative Schulung unter allen Umständen mit den sogenannten sechs Nebenübungen zu begleiten, da ohne die Harmonisierung der Seele, die durch sie bewirkt wird, der Übungsweg mit großen Gefahren verbunden ist.[2] Die erste dieser Übungen besteht in der „Kontrolle der Gedanken".[3]

Die zweite Übung führt zu einer ausgesprochenen Schulung des Willens. Hierfür ist erforderlich, sich zu einer ganz bestimmten Zeit des Tages, etwa jeden Morgen, die Durchführung einer selbst ausgedachten, kleinen Verrichtung vorzunehmen. Für diese Handlung soll es in unserem beruflichen und privaten Pflichtenkreis keine äußere Veranlassung geben. So könnte man zum Beispiel um Punkt 16 Uhr im Büro ein bestimmtes Fenster dreimal öffnen und rasch wieder schließen. Da bei diesem kurzen „Lüften" keine frische Luft hereinkommt, ist die Handlung im äußeren Sinne zwecklos. Man könnte auch die Armbanduhr vom linken Unterarm auf den rechten umwechseln und zwei Stunden später wieder zurückführen. Es ließe sich auch ein bestimmter Gegenstand aus der Handtasche herausnehmen, in die linke Hand tun und sofort wieder zurückbefördern. Eine scheinbar sinnlose Angelegenheit! Wer nicht weiß, wo er sich zu einer bestimmten Zeit befindet, könnte sich vornehmen, dreimal mit dem linken Absatz leicht auf den Boden zu klopfen. Fuß und Erde sind immer zur Hand!

Wer zum ersten Mal von dieser scheinbar leichten Übung hört, mag vielleicht der Meinung sein, dass die geschilderten „Kleinigkeiten" zu nicht viel führen können, zumal solche „zwecklosen" Betätigungen keinen sichtbaren Effekt oder Nutzen haben. Wer jedoch auch nur zehn Tage – probeweise – versucht, diese Übung zu machen, bekommt vor ihr sicher großen Respekt. Er merkt zumindest, wie schwierig es ist, sich während der Pflichten des Alltags im rechten Augenblick an die selbst vorgenommene kleine Aufgabe zu erinnern, sie sich Tag für Tag erneut vorzunehmen und pünktlich durchzuführen.

Es empfiehlt sich im Anfang, möglichst die gleiche Übung zur gleichen Zeit für einige Wochen durchzuhalten und später den Zeitpunkt und schließlich auch die Art der Durchführung öfter zu wechseln, damit eine solche Handlung nicht selbst zur Gewohnheit wird. Man kann auch eine gleich bleibende Übung beibehalten und zusätzlich bei einer zweiten Zeitpunkt und Art der Durchführung täglich abwandeln.

„Im Falle der Initiativhandlung sind wir berufen, *in Freiheit* selbst die Pflicht eines Novizen und die Aufsichtsfunktion des Abtes zu übernehmen."

Mehr als bei vielen anderen Übungen sollte man hier an das Sprichwort denken „Steter Tropfen höhlt den Stein". Es ist ein Unterschied, ob man ein Jahr hat übungslos verstreichen lassen oder sich 365-mal um die Durchführung eines selbst gegebenen Befehls bemüht hat. In Schulungsstätten und Orden früherer Zeiten gehörte der unbedingte Gehorsam gegenüber den von der Ordensregel auferlegten Pflichten zur Schulung der Novizen und Ordensbrüder. Pünktlichkeit und Disziplin wurden von der Obrigkeit streng überwacht. Im Falle der Initiativhandlung sind wir berufen, *in Freiheit* selbst die Pflicht eines Novizen und die Aufsichtsfunktion des Abtes zu übernehmen.

Unser Ich ist die Instanz, die einerseits die Handlung getreulich und gehorsam durchführt und sich andererseits als Aufseher und Initiator betätigt. So führt es sich selbst zu einem gewissen Erwachen und Erkraften in seiner Willensnatur.

Zunehmende Pünktlichkeit, Pflichtbewusstsein und Zuverlässigkeit sind die Folgen; sie werden allmählich auch auf das Verhalten im Alltag und im Pflichtenkreis des Lebens ausstrahlen. Es wird dann von der Umgebung als wohltuend empfunden werden, was sich der Übende im Stillen erwirbt. Zugleich erhält er eine größere Selbstsicherheit, weil er spürt: „Ich kann mich auf mich selbst besser verlassen".

GEWOHNHEITEN ÄNDERN ERHÄLT JUNG

Das ganze menschliche Seelenleben ist von vielerlei Gewohnheiten durchzogen. Sie reichen von Denkgewohnheiten bis zum gewohnheitsmäßigen Verhalten oder Tun im Willensbereich. Die Gewohnheiten sind mit unseren Fertigkeiten und Fähigkeiten verwandt. Während jedoch letztere in mühsamen Lern- und Übungsschritten, vom Bewusstsein ausgehend, angeeignet werden, wie etwa beim Erlernen des Schreibens oder Spielens eines Musikinstrumentes, haben sich die meisten Gewohnheiten mehr oder weniger unbewusst eingeschlichen.

Das Gedächtnis ist die Voraussetzung aller Lernfähigkeit; es hat seinen Sitz in den unbewussten Tiefen der Gesamtorganisation unserer Lebenskräfte, die in der anthroposophischen Menschenkunde als Lebensleib (oder Ätherleib)[4] bezeichnet wird. Beim Erlernen von Fertigkeiten greifen wir willentlich tiefer in den Lebensleib ein, der seinerseits den physischen Leib fortwährend belebt und durchorganisiert. Es bilden sich sozusagen eingefahrene Bahnen, die es der Seele ermöglichen, mit Leichtigkeit in entsprechender Weise die ätherische und die physische Leiblichkeit zu ergreifen, ohne über das *Wie* immer erneut nachdenken zu müssen. Es sei zum Beispiel an die Fähigkeit erinnert, „blind" auf Schreibmaschine bzw. Computer (Red.) schreiben zu können. Ähnliches gilt auch für die Gewohnheiten.

Eine bewusst herbeigeführte Gewohnheitsänderung bedeutet deshalb, vom Ich aus willentlich in diese nicht mehr beachteten Lebensbereiche wieder einzugreifen. Es gilt, einen festgetretenen Boden gleichsam umzugraben oder umzuackern, um einen neuen Weg betreten oder bahnen zu können. Dabei kommt es zu einer Lockerung des Lebensleibes im Verhältnis zum physischen Leib; der Lebensleib wird in seinen Strömungen und Funktionen angeregt, und dies führt zu einer Stärkung und Neubelebung.

Fertigkeiten, wie das Spielen von Instrumenten, erfordern Übung und Disziplin - eine hervorragende Schulung!

Jeder Mensch hat gute und schlechte, aber auch – gesundheitlich gesehen – neutrale Gewohnheiten. Zu letzteren mag die Art gehören, wie wir uns anziehen. Man könnte einmal, statt mit dem rechten Arm zuerst mit dem linken Arm in den Mantel oder in das Jackett schlüpfen oder etwas Ähnliches versuchen. Hierzu sagt Rudolf Steiner: *„Es braucht ja der Mensch durchaus nicht gleich ein fanatischer Anhänger zu sein der gleichen Benützbarkeit der linken und rechten Hand; aber, wenn er doch in einer mäßigen Weise versucht, wenigstens gewisse Verrichtungen auch mit der linken Hand vornehmen zu können – er braucht es nicht weiter zu treiben, als dass er eben einmal im Stande ist, das zu tun -, so übt das einen günstigen Einfluss aus auf die Herrschaft, die unser astralischer Leib auf den ätherischen ausüben soll."*[5]

Im gleichen Zusammenhang rät er, sich selber wie von außen zuzuschauen und seine Gesten, zum Beispiel die Art, wie man die Hände oder den Kopf bewegt, zu beobachten, um gegebenenfalls eine bestimmte Gebärde auch einmal zu unterdrücken oder abzuändern.

Wer seine Krawatte einmal anders herum zu binden versucht und sich dabei so ungeschickt wie ein Kind vorkommt, merkt erst, wie tief eine Gewohnheit sitzt. Man ist gezwungen, diese Verrichtung völlig neu, wie von vorn anzufangen und willensmäßig ganz konzentriert dabei zu sein.

> „Eine bewusst herbeigeführte Gewohnheitsänderung bedeutet, vom Ich aus willentlich in nicht mehr beachtete Lebensbereiche wieder einzugreifen und führt zu einer Stärkung und Neubelebung."

Aber gerade die *„Aufmerksamkeit zu verwenden auf das, was man tut, heißt immer, seinen innersten Wesenskern mit der Sache in innigen Zusammenhang zu bringen. Alles das wiederum, was unseren innersten Wesenskern in Zusammenhang mit dem bringt, was wir tun, stärkt unseren Äther- oder Lebensleib. Und wir werden dadurch gesündere Menschen."*[5] Dies gilt besonders auch, wenn man bemüht ist, vielleicht im Urlaub, täglich eine Viertel- oder eine halbe Stunde dafür zu benutzen, sich eine etwas andere Schrift anzueignen oder wenigstens einige besonders kümmerliche oder unleserlich herauskommende Buchstaben – immer wieder wie malend – zu verbessern.

Besonders nützlich ist es, auf die Ess-, Schlaf-, Genussgewohnheiten oder auch auf sonstige Lebensgewohnheiten zu achten, die unmittelbar mit der seelischen und leiblichen Gesundheit zu tun haben. Wer zum Beispiel schlecht kaut, zu rasch isst oder schlingt und während des Essens noch die Zeitung zu „verdauen" sucht, fördert die Entstehung eines nervösen, verkrampften Reizmagens und schließlich auch die Bildung eines Magengeschwürs. Dagegen tut er nicht nur sich selbst einen Gefallen, sondern wirkt auch wohltuend auf den Magen zurück, wenn er lernt, was mit Sorgfalt und Liebe gekocht wurde, auch mit einer gewissen Hingabe und Liebe zu genießen.

Es stärkt auch den Willen, wenn man sich bemüht, „Anti-Appetite", also die Abneigung gegen gewisse Speisen, zu überwinden. Man sollte bewusst gelegentlich etwas essen, was man gar nicht mag oder scheinbar nicht verträgt, und bemüht sein, dieses sogar für einige Zeit in seinen Speiseplan aufzunehmen.

Noch schwieriger dürfte es sein, sich ein gereiztes oder ungeduldiges Verhalten abzugewöhnen. Der bloße Entschluss „von morgen an bin ich nicht mehr ungeduldig oder cholerisch" genügt erfahrungsgemäß nicht; ist doch, wie der Volksmund sagt, „der Weg zur Hölle mit guten Vorsätzen gepflastert". Es bedarf einer gewissen

Wer seine Krawatte einmal anders herum zu binden versucht, ...

Vorarbeit oder besonderen „Technik" zur Änderung einer so fest verwurzelten und mit dem Gemütsleben verbundenen Gewohnheit. Man muss sich die Zeit nehmen, wiederholt über Ursachen, schädliche Folgen und Zwecklosigkeit der zu bekämpfenden, als schlecht oder störend empfundenen Verhaltensweise gründlich nachzudenken. Erst aus einem solchen *Über-legen* erwächst langsam aber sicher die innere Kraft der *Über-legenheit* des Ich über ein Verhalten, das seiner Kontrolle mehr oder weniger entglitten ist. Dabei kommt es darauf an, dass der Übende *„sich in seinen Augenblicken der Ruhe so sehr mit dem Gefühl von der Zwecklosigkeit vieler Ungeduld durchdringt, dass er fortan bei jeder erlebten Ungeduld sofort dieses Gefühl gegenwärtig hat"*. Er bekämpft also nicht mit einer bloßen Vorstellung oder einem abstrakten Beschluss ein negatives Gefühl, sondern er tritt ihm, gerüstet mit einem frei erzeugten anderen Gefühl, gegenüber. Gleiches wird mit Gleichem überwunden! *„Die Ungeduld, die sich schon einstellen wollte, verschwindet, und eine Zeit, die sonst verloren gegangen wäre unter den Vorstellungen der Ungeduld, wird vielleicht ausgefüllt von einer nützlichen Beobachtung, die während des Wartens gemacht werden kann."*[6]

Wie schon das Problem der Pünktlichkeit gezeigt hat, kommt dem gewohnheitsmäßigen, aber bewusst gepflegten Umgang mit der Zeit eine ganz besondere Rolle zu. Der physische Leib muss als *Raumesleib* erfasst werden, während der für die Vitalität und Regenerationskraft zuständige Lebensleib, der vor allem der Träger des Temperaments und der Gewohnheiten ist, als *Zeitenleib* zu bezeichnen ist.[7]

Auf eine seelisch-geistige Übung, die unmittelbar damit zusammenhängt und besonders den Ätherleib als Träger des Gedächtnisses stärkt, sei noch hingewiesen. Sie ist ebenfalls mit einer Gewohnheits-Änderung verbunden. Man kann versuchen, Gedichte, kleine Musikstücke oder gar den Akt eines Schauspiels sich *rückwärts* vorzustellen und durchzugehen. Der dabei aufgebrachte innere Wille muss sich also dem gewohnten, mehr oder weniger automatischen Ablauf des Stroms der Erinnerungen entgegenstellen.

Wiederum greifen wir dynamisierend in den Zeitenleib ein. *"Das ist eine außerordentlich wichtige Sache. Denn wenn wir in einem umfassenderen Sinne so etwas machen, tragen wir wieder zu einer ungeheuren Stärkung des Ätherleibes bei. Ganze Dramen von rückwärts nach vorne, das, was wir gelernt haben an Erzählungen oder dergleichen, vom Ende nach vorne durchzudenken, das sind Dinge, die in höchstem Grade für die Konsolidierung des Ätherleibes von Wichtigkeit sind."*[6]

Dadurch kann zum Beispiel der immer mehr sich ausbreitenden Neigung zu allergischen Reaktionen entgegengewirkt werden. Werden diese doch vor allem von solchen Zivilisationseinflüssen hervorgerufen, welche die Vitalität schwächen oder zermürben.

Bewusste Gewohnheits-Änderungen erzeugen innere Elastizität und wirken belebend.

In der heutigen Biologie wird die *Mutation*, das ist die zufällige *Änderung* der molekularen Struktur der Chromosomen, als ein Hauptgrund für die Höherentwicklung der Naturgeschöpfe angesehen. Diese können sich dadurch dem Zwang der Vererbung als der fortdauernden Wiederholung des Gleichen entreißen. In der bewusst geübten Gewohnheits-*Änderung* vermag der Mensch, diesen Vorgang auf einer höheren Ebene und in sinnvoller Weise abgewandelt, gezielt als Entwicklungsprinzip einzusetzen. Er wird dadurch zu einer gewissen inneren Elastizität aufgerufen. Gerade diese wirkt belebend auf den Lebensleib zurück, erhält ihn selbst elastisch und trägt zur Stärkung bis ins hohe Alter bei.

Gewohnheits-Änderungen erhalten jung!

WUNSCHVERZICHT –
EINE ZEITGEMÄSSE ASKESE

Mit berechtigter Sorge blicken heute viele Erzieher auf den intensiven Drogenkonsum und die entstehenden Abhängigkeiten vorwiegend jüngerer Menschen hin und suchen ihrer Ursache auf den Grund zu kommen. Dies wird so lange nicht möglich sein, als übersehen wird, dass Suchterscheinungen als solche auch bei Erwachsenen in vielerlei Form zu einem unbewältigten Problem unserer Wohlstandsgesellschaft geworden sind.[8] Während Völker in Ländern der Dritten Welt und Schwellenländern unter Entbehrungen leiden und Millionen verhungern, „leben wir uns zu Tode", wie Prof. Arthur Jores es formulierte, vor allem im Hinblick auf die Unmäßigkeit im Essen, Trinken und Rauchen. Die Genusssucht ist eines der größten Übel unserer Gesellschaft und hat sich auf fast alle Lebensgebiete ausgedehnt. Der Medikamentenmissbrauch (Schmerz-, Schlaf-, Beruhigungs- und Aufputschmittel (Psychopharmaka)) setzt sich in der rein seelischen Ebene fort, wo die Massenmedien der wachsenden Bildersucht und Sensationsgier immer mehr entgegenkommen.

Im Gesundheitswesen haben diejenigen Krankheiten, die als Folgen der Unmäßigkeit auftreten, mit zu der nach wie vor unbewältigten Kostenexplosion geführt. Ärztliche Behandlung, Arbeitsausfall und vorzeitige Invalidisierung belasten das Volksvermögen mit Milliardenbeträgen.

Moralisch gesehen, stehen wir vor einer gesellschaftlichen Niedergangserscheinung unserer Zeit, die zudem von unsäglichen menschlichen Tragödien begleitet wird.

Viele Ärzte, Psychosomatiker und Psychotherapeuten haben deshalb wiederholt die Forderung nach mehr Selbstverantwortung und Maßhalten aufgestellt. So schlug zum Beispiel Joachim Bodamer bereits vor Jahrzehnten in seinem Buch „Der Mensch ohne Ich" eine bewusste „Askese" beim Gebrauch der Massenmedien vor. Woran aber scheitern fast alle Ratschläge und gut gemeinten Hinweise?

Alle Suchterscheinungen, wie immer sie auch verursacht werden mögen, sind hauptsächlich ein Ausdruck persönlicher Willensschwäche.

Denn die meisten Menschen wissen, über vielerlei Kanäle bestens belehrt oder informiert, um die Schädlichkeit und die schlimmen Folgen ihres Verhaltens, das der leiblichen und seelischen Gesundheit abträglich ist. Die Auseinandersetzung zwischen der Vernunft und der Triebseite des menschlichen Wesens – wer hätte dies nicht schon am eigenen Leib erfahren! – endet nur allzu oft mit einer Niederlage der Vernunft. Die hohe Rückfallquote nach Entziehungskuren aller Art bestätigt diese negative Erfahrung. Schon Faust musste erkennen: „Zwei Seelen wohnen, ach, in meiner Brust!"

Auch stellen immer mehr Ärzte und Psychologen fest, dass die „Leidensfähigkeit" der Gesamtbevölkerung immer geringer wird. Dies ist ein weiteres Zeichen von Willensschwäche, die bei durchaus noch erträglichen Schmerzen, Unpässlichkeiten oder seelischen Belastungen den Griff zur Tablette bis hin zur Droge beschleunigt.

Wir sind damit im Zentrum des behandelten Themas der Willenserziehung, sowie ihrer Problematik und Notwendigkeit, angelangt. Die Frage nach den Möglichkeiten einer individuellen „seelischen Hygiene" im Sinne der Selbsterziehung weitet sich aus zur Dimension einer zeitgeforderten „sozialen Hygiene" für alle Bevölkerungsschichten. Der damit gestellten volkspädagogischen Aufgabe soll auch diese Broschüre dienen.

Schon 1912 erkannte Rudolf Steiner, wie aus dem wiederholt zitierten Vortrag „Nervosität und Ichheit" hervorgeht, dass in diesem Zusammenhang *„von einem großen Belang ist, was man nennen könnte die Willenskultur"*. Er weist auf *„eine gewisse Willens-*

schwäche" hin, die zum Beispiel darin besteht, *"dass die Menschen gleichsam etwas wollen und doch wiederum es nicht wollen oder wenigstens nicht dazu kommen, wirklich auch auszuführen, was sie wollen."*[5]

Um dieser tief greifenden Charakterschwäche abzuhelfen, rät der Geistesforscher unter anderem, sich einen systematischen, immer wieder einmal in verschiedenen Lebenssituationen geübten *Wunschverzicht* aufzuerlegen. Es gilt dabei, *"Wünsche, die vorhanden sind, zu unterdrücken, sie nicht zur Ausführung zu bringen, selbstverständlich, wenn die Nichtausführung der Wünsche keinen Schaden bringt ... und ohne, dass man eine Pflicht verletzt."* Wünsche, deren *"Erfüllung weiter nichts bringt als Behaglichkeit, Freude, Lust -, wenn man solche Wünsche systematisch unterdrückt, dann bedeutet jede Unterdrückung irgendeines kleinen Wunsches einen Zufluss an Willensstärke, an Stärkung des Ich gegenüber dem astralischen Leib."*[5] - d. h. gegenüber dem seelischen Bereich unserer meist an die Leiblichkeit gebundenen Triebe, Begehrlichkeiten und Egoismen.

Dieser Übungsvorschlag wird in unserer Zeit zweifellos als denkbar unpopulär, vielleicht sogar als rückschrittlich oder als „ungesund" empfunden werden. Denn der moderne Mensch strebt nach laufender Steigerung des Lebensgenusses und nach „Lustmaximierung". Es gibt sogar psychotherapeutische Richtungen, welche ein hemmungsloses Sich-Ausleben bis zum Brüllen und Toben empfehlen als „Befreiung" von allerlei Zwängen und Verdrängungen. Solche Einstellungen sind der blanke Ausdruck einer materialistischen Lebensauffassung und -gesinnung; sie übersehen wesentliche Grundgesetze des seelisch-geistigen Lebens.

(Anm. d. Red.: In den letzten Jahren finden sich in der ganzheitlich orientierten Ratgeberliteratur allerdings zunehmend Empfehlungen zum Fasten, zur (zeitweisen) Medienabstinenz und ähnlichen Maßnahmen, um wieder „Herr im eigenen Haus zu werden".)

Die genannte Übung soll uns ja nicht den Zugang zu den Genussmöglichkeiten des Lebens in Freude, Liebe und Dankbarkeit verschließen. Sie schafft jedoch durch den gelegentlichen, aber eben systematisch und in Besonnenheit geübten Verzicht die Voraussetzung für die so dringend erforderliche Tugend der Mäßigung, welche Rudolf Steiner einmal als die zu erringende Urtugend unseres Zeitalters bezeichnete. So wird der Gefahr des Abgleitens in Sucht und Abhängigkeit durch Stärkung des Willens von Anfang an ein Riegel vorgeschoben. So gesehen, hat diese Übung auf einem entsprechenden Lebensgebiet einen vorbeugenden, selbst gehandhabten psychotherapeutischen Charakter; sie ist deshalb geeignet, dem oben angeführten Problem der Suchtgefährdung der Gesamtbevölkerung von Grund auf zu begegnen - mit allen positiven Auswirkungen. Sie sollte mit allen Mitteln moderner Kommunikationsmöglichkeiten unter die Menschen gebracht werden.

> Bewusster Verzicht stärkt den Willen und beugt so dem Abgleiten in Sucht und Abhängigkeit vor. Zudem wächst das Selbstwertgefühl.

Bei dem freiwilligen Wunschverzicht darf nicht das negative Gefühl im Vordergrund stehen, das erwächst aus dem *„Du sollst nicht, du darfst nicht, es ist aus gesundheitlichen oder anderen Gründen unzuträglich und verboten!"* Der Übende sollte sich vielmehr bewusst sein, dass er in der Lage ist, durch den Einsatz der besten Seite seines Wesens, der Ichhaftigkeit des Menschseins, aus Einsicht und in Freiheit zu handeln. Er kann lernen, sich zu beherrschen und dadurch einer allgegenwärtigen Gefahr zu begegnen, um zugleich einen wesentlichen, wenn auch kleinen Schritt auf dem Entwicklungsweg seiner Persönlichkeit zu vollziehen. Das so erhöhte Selbstwertgefühl vermag den bewusst herbeigeführten Verlust an Genussfreude mehr als auszugleichen.

Man sollte sich auch ins Bewusstsein rufen, dass es keine geistige Schulung in den vorchristlichen Menschheitskulturen und in den mittelalterlichen Ordenszusammenhängen gab ohne die in verschiedenen Ebenen geübte Askese. Als spirituelles Übungsprinzip spielt sie eine Kultur bildende Rolle und klingt zum Beispiel in den aus religiösen Motiven vorgeschriebenen Fastenzeiten des Kirchenjahres noch nach.

Der in Freiheit geübte Wunschverzicht greift in individueller und zeitgemäß abgewandelter Form das Prinzip der Askese wieder auf. Die dargestellte Übung überschneidet sich vielfach mit der bereits behandelten Übung der Gewohnheits-Änderung und vermag gerade deshalb eine Steigerung der geschilderten positiven Auswirkungen hervorzurufen. Der vierwöchig geübte Verzicht auf den Zucker im Kaffee oder Tee führt unter Umständen zu einer neuen Gewohnheit.

> „Der in Freiheit geübte Wunschverzicht greift in individueller und zeitgemäß abgewandelter Form das Prinzip der Askese wieder auf."

Rudolf Steiner warnt jedoch in Hinweisen zur Pädagogik davor, so ohne weiteres „*in die Erziehungsprinzipien die Nichterfüllung der Wünsche der Zöglinge einzuführen*". Das könne unzuträgliche Antipathien wecken. Er rät hingegen den Erwachsenen, sich in Gegenwart derer, die sie zu erziehen haben, dieses oder jenes deutlich bemerkbar zu versagen.[5] Dadurch werde der Nachahmungstrieb angeregt, und das sei von größter Bedeutung. Auf diese Weise könnte sich dem „autofreien Sonntag" ein zuckerfreier, fleischloser, rauch- oder bildschirmfreier Tag hinzugesellen oder vielleicht sogar in der Familie eine ganze Übungswoche daraus werden. Wenn der Vater regelmäßig jeden Donnerstag den gewohnten Blick in die Morgenzeitung unterlässt oder die Eltern vier Wochen im Jahr auf die gewohnten Zigaretten oder auf den Alkohol verzichten, stärkt ein solches Vorgehen nicht nur den Willen der Erwachsenen, sondern macht auf die heranwachsende Jugend einen bleibenden Eindruck. - (Anm d. Red.: Heute würde an dieser Stelle sicherlich das zeitweise, gezielte Abschalten von PC und Handy empfohlen.) - Es bewirkt mehr als alle Mahnungen oder gar Verbote. So könnte die Voraussetzung dazu entstehen, vielleicht in der ganzen Familie gemeinschaftlich vierwöchige „Verzichtperioden" einzuführen. Diese könnten zeitlich so gelegt werden, dass sie mit dem Tag eines Familienfestes, zum Beispiel mit einem Geburtstag, abschließen. Ist doch die Vorfreude die größte Freude!

Solche Gebräuche wären die geeigneten Mittel, dem Anwachsen des Nikotin- und Alkoholkonsums, vor allen Dingen seinem Vordringen in immer jüngere Jahrgänge der Schuljugend, gegenzusteuern.

Künstlerisches Tun weckt kreative Willenskräfte.

SICH ZIELE SETZEN

Eine vernünftige, das heißt aber die typisch menschliche Handlung, ist stets von Gedanken durchsetzt, wird durch sie ausgerichtet und impulsiert. Dies lenkt die Aufmerksamkeit auf die Verwobenheit aller Regungen des menschlichen Seelenlebens, in dem das Willensleben nicht isoliert für sich allein betrachtet werden kann. So findet auch keine Vorstellung den Weg vom Kopf zur ausführenden Hand ohne die Beteiligung des Gefühlslebens. Ein geringstes Maß von Sympathie oder Antipathie, die sich jedoch bis zur Liebe oder zum Hass steigern können, oder ein angemessenes Pflicht- oder Verantwortlichkeitsgefühl müssen die vermittelnde Brücke zwischen Vorstellung und Willensakt bilden. In stark emotional bedingten Handlungen kann dabei das Gefühlsmoment ganz in den Vordergrund treten. Andererseits schwächen Interesselosigkeit und Gleichgültigkeit auf jeden Fall den Willen, der gerade für seine intuitive Seite ein engagiertes Gemüt braucht. Darauf beruht, besonders im pädagogischen Bereich, die Schädlichkeit, ja Menschenfeindlichkeit allen Intellektualismus, der die Gemütskräfte kalt lässt und anzuregen nicht in der Lage ist. Die heute so weit verbreitete Oberflächlichkeit, die einhergeht mit einer Abstumpfung des Gefühlslebens, wirkt aber entscheidend in negativer Weise auf die Willenstiefen zurück und bahnt dem Aufsteigen der ungeläuterten Triebnatur den Weg. Die Belebung der menschlichen Mitte durch echtes künstlerisches Erleben und Sich-Betätigen bewirkt das Gegenteil und weckt zugleich kreative Willenskräfte.

Wohl jeder hat schon einmal die Erfahrung gemacht, dass eine von Gleichgültigkeit und von Unlust begleitete oder gar widerwillig durchgeführte Arbeit rasch ermüdet. Sie würde auf die Dauer den Willen lähmen. Die vom Feuer der Begeisterung getragene Tätigkeit hingegen beschwingt und belebt und hat zu größten Menschheitsleistungen geführt, wofür es zahlreiche Beispiele in der Geschichte gibt. Die seelisch-geistige Erwärmung für eine

Idee kommt der wahren, feurigen Natur des Willens unmittelbar entgegen, der sich physisch nur über einen echten Verbrennungsprozess im Muskelstoffwechsel realisieren kann.

Der Mensch vermag – als einziges geistbegabtes Wesen der Schöpfung – seinen Willen von der gedanklichen Seite her zu durchdringen und so zu motivieren. Dadurch wächst er über die bloße tierische, vererbungsbedingte Triebnatur hinaus. Die zunächst mehr oder weniger unbewussten schöpferisch veranlagten Willenstiefen warten darauf, vom Geist her aufgeweckt und angespornt zu werden.

Nichts schwächt und lähmt den Willen mehr als Gedankenlosigkeit und Gefühle der Frustration und der Sinnlosigkeit des Daseins. Die totale Initiativlosigkeit und Willenslähmung des an einer Depression erkrankten Menschen können erschreckend zu Bewusstsein bringen, was das aus der Leiblichkeit aufsteigende Ergebnis sich summierender Stimmungen der Resignation und nicht verarbeiteter, enttäuschender Erlebnisse ist.

Der menschliche Wille bedarf der sich stets erneuernden Impulsierung durch bestimmte Zielvorstellungen. Sie verleihen dem Leben selbst und damit auch jeder menschlichen Tätigkeit einen Sinn.

Nur aus ihnen erwächst die dem Willen erforderliche Energie, die ihn kräftig und gesund erhält. Zielvorstellungen und die lebensnotwendigen Ideale können allerdings nur aus einer umfassenden, mit der Geistigkeit der Welt verbundenen Lebensauffassung hervorgehen. Von dieser aller Willensbildung übergeordneten Thematik ist in der Broschüre „Hat das Leben einen Sinn? Schicksal und Wiederverkörperung" ausführlich die Rede, auf die hiermit verwiesen sei.[9] Auch der Impuls zur konsequenten Durchführung der in vorliegender Schrift angeführten Willensübungen bedarf einer bestimmten, individuellen Zielvorstellung, welcher die Frage nach dem Sinn mühevoller Selbsterziehung zugrunde liegt.

Vom ausgebildeten oder kultivierten menschlichen Willen wird Energie, Ausdauer, Aktivität, schöpferische Fähigkeit und Initiative erwartet – Eigenschaften, deren Entwicklung die hier angegebenen Übungen dienlich sein können. Aber wie sich mit dem Sprechen das Zuhören verbinden muss und dem Reden die Tugend des Schweigens vorangeht, so gehört zur aktiven Willensseite das zeitgerechte Wartenkönnen und ein bestimmtes Maß an Ergebenheit.

Lebensbejahung stärkt den Willen und lässt den Menschen über sich selbst hinauswachsen.

Das Gegenteil liegt vor, wenn der Mensch mit dem eigenen Schicksal hadert. Das schwächt den Willen. Das Wissen um seinen höheren Sinn hingegen und die daraus hervorgehende Bejahung stärken ihn. Auf der höchsten, einer urbildhaften Ebene leuchtet dieses Geheimnis in den Worten des Christus in Gethsemane auf: „Nicht mein, sondern Dein Wille geschehe." Im Urgebet der Christenheit, dem Vaterunser, findet sich die Bitte: „Dein Wille geschehe auf Erden wie im Himmel." Der damit angesprochene göttliche Wille aber kann nur durch die willensmäßige Betätigung des Erdenmenschen verwirklicht werden und seine Erfüllung finden. Damit sei zum Abschluss auf diejenige Stufe der moralisch-religiösen Seite des Willens hingewiesen, auf welcher der Mensch über sich und seine Egoität hinauszuwachsen vermag im Sinne einer selbstlosen und überpersönlichen Betätigung im Dienste der Menschheit und der gesamten Welt. Mit den Schritten auf dieses Ziel hin verwirklicht er als Willenswesen seine **Freiheitsmöglichkeit und Menschenwürde.**

ANMERKUNGEN

1   Zitiert nach Wolfgang Gutberlet in „Marktplatz", 7/2008

2   Steiner, Rudolf, Die Erkenntnis der höheren Welten,
in: „Die Geheimwissenschaft im Umriss", 30. Aufl. Dornach 1989, GA Nr. 13

3   vgl. auch Bühler, Walther, Heilkräfte lebendigen Denkens,
9. Aufl., Bad Liebenzell 1997, Verlag GESUNDHEIT AKTIV, Best.-Nr. 104

4   Dieser Begriff ist ausführlich erörtert in der Broschüre: Bühler, Walther;
Anders, Ursula, Die Furcht vor dem Tode. Schöpferisches Altern,
6. Aufl., Bad Liebenzell 2008, Verlag GESUNDHEIT AKTIV, Best.-Nr. 111

5   Steiner, Rudolf, Nervosität und Ichheit,
Einzelvortrag, (München, 11. Januar 1912), Dornach 1987, aus GA Nr. 143

6   Steiner, Rudolf, Wie erlangt man Erkenntnisse der höheren Welten?,
23. Auflage Dornach 1982, GA Nr. 10

7   siehe auch: Bühler, Walther, Schütze, Alfred, Treichler, Rudolf,
Die Nervosität – ich habe keine Zeit,
10. Aufl., Bad Liebenzell 2000, Verlag GESUNDHEIT AKTIV, Best.-Nr. 101
und Glöckler, Michaela, Kraftquelle Rhythmus,
3. Aufl., Berlin 2015, Verlag GESUNDHEIT AKTIV, Best.-Nr. 185

8   vgl. auch Vogt, Felicitas, Drogensucht – Weckruf unserer Zeit,
Bad Liebenzell 1998, Verlag GESUNDHEIT AKTIV, Best.-Nr. 160

9   Bühler, Walther, Hat das Leben einen Sinn? Schicksal und Wiederverkörperung,
8. Aufl., Bad Liebenzell 2011, Verlag GESUNDHEIT AKTIV, Best.-Nr. 120

IMPRESSUM

HERAUSGEBER
GESUNDHEIT AKTIV
Anthroposophische Heilkunst e. V.
Gneisenaustraße 42
10961 Berlin

Telefon 030.695 68 72-0
Telefax 030.695 68 72-29

verein@gesundheit-aktiv.de
www.gesundheit-aktiv.de

Alle Rechte vorbehalten.
Bestellnummer 123
5 Euro
ISBN 978-3-942192-31-6
© 1985
Neuauflage Juli 2015

Die Deutsche Nationalbibliothek verzeichnet diese Publikation in der Deutschen Nationalbibliografie; detaillierte bibliografische Daten sind abrufbar über http://dnb.dnb.de

REDAKTION
Sabine Phumdorkmai

GESTALTUNG
Sabine Phumdorkmai
Konzept: Sarah Hruschka, Carsten Strübbe
Hilbig | Strübbe Partner
Büro für Design und Kommunikation
www.hilbig-struebbe-partner.de

FOTOS
Annette Bopp (Titel), Carsten Stübbe (S. 11, 29); photocase: www.joanna.nottebrock.de (S. 15), rendermanx3 (S. 18), AndreasF (S. 20); pegbes/Fotolia (S. 8, 9)

DRUCK
DBM Druckhaus Berlin-Mitte GmbH